ANDREIA APARECIDA
GONÇALVES RAMOS

VIVÊNCIAS REALIZADAS DURANTE AS AULAS REMOTAS – FASE 6 - REDE MUNICIPAL DE SÃO CARLOS

São Carlos - 2023

SUMÁRIO

Capítulo IV

Capítulo V

Capítulo IV

Contação de Histórias e suas vivências "O Sanduíche da Maricota"

Material Necessário:

Papel;

Lápis preto e coloridos;

Rolo de papel higiênico ou saco de papel;

Cola;

Tesoura;

Ingredientes preferidos para a culinária.

Desenvolvimento:

1º Momento: Conhecendo a história!

Realizar a leitura do livro "O Sanduíche da Maricota" para a criança. Deixe–a explorar o livro, seus personagens, converse com ela sobre as ações dos personagens e, a partir das ilustrações peça para a criança recontar a história.

2º Momento: Descobrindo os significados!

Pesquise com a criança a palavra "QUIRERA": O que a criança acha que é? O que é? Para que serve? Quem gosta de comer? Do que é feito? E mais todas as curiosidades que a criança apresentar. Ilustre as descobertas!

3º Momento: Trabalhando a história

Quantos animais aparecem na história? Desenhe cada um deles.

4º Momento: Culinária!

O que a Maricota colocou em seu

sanduíche? Você comeria o sanduíche da Maricota? Por que? Vamos preparar um sanduíche com os ingredientes que você gosta! Nos mande uma foto ou um vídeo do seu sanduiche e bom apetite!!

5º Momento: Confeccionando a Maricota!

Com um rolinho de papel higiênico temos o corpo da galinha, o contorno da mão será a crista dela e os outros detalhes fica por conta da sua criatividade (no lugar do rolinho também pode ser um saco de papel). Veja um exemplo de como pode ser seu fantoche.

Devolutivas:

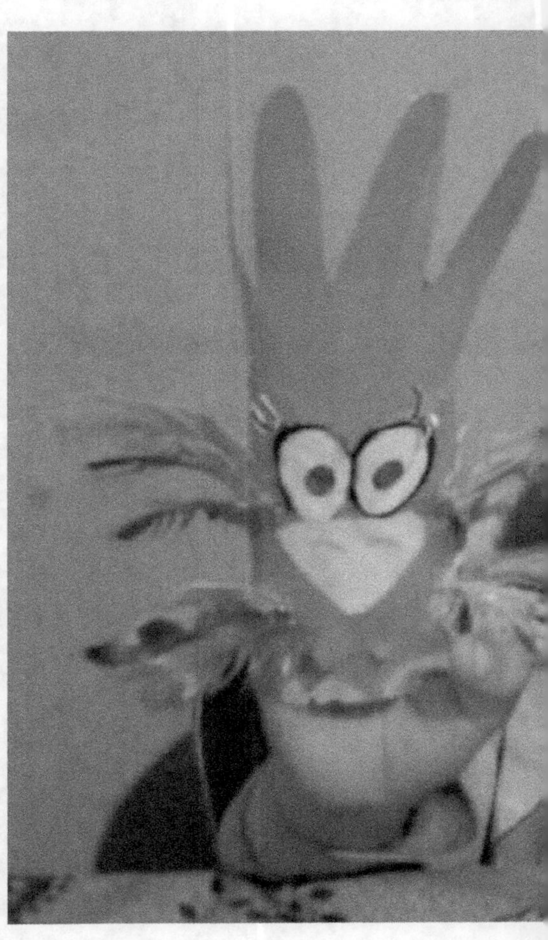

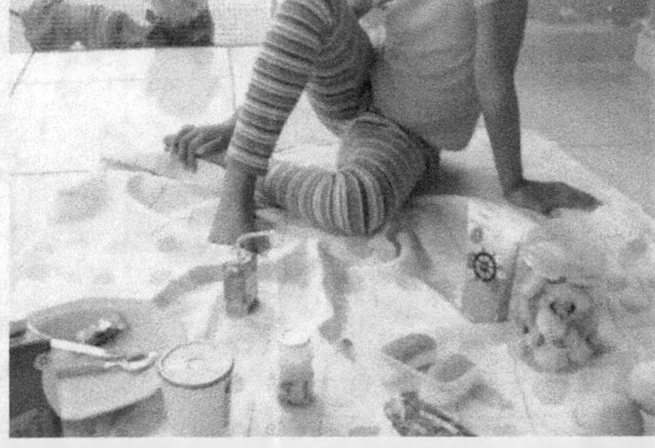

THIAG

Capítulo V

“Quente e frio – Uma aventura descongelante”

Materiais necessários:

Água;

Potes de diversos tamanhos;

Brinquedos ou qualquer objeto que caiba nos potes;

Freezer;

Objeto que sirva como martelo para quebrar o gelo;

Desenvolvimento:

Congele objetos diversos dentro de potes com água. No dia seguinte, retire do freezer ou congelador e “martele “o gelo até conseguir retirar os objetos de dentro do gelo.

Devolutivas:

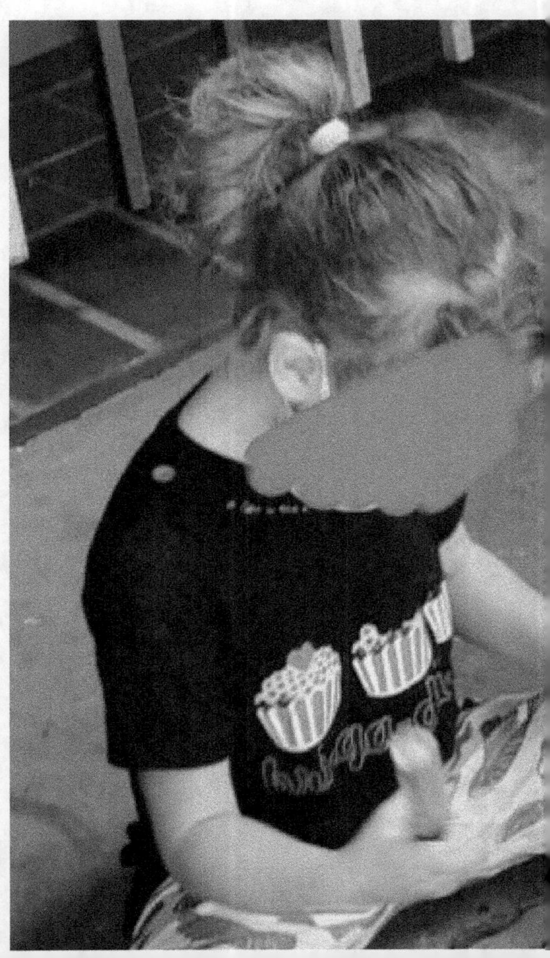

B

Bibliografia:

BRASIL. Ministério da Educação. Base Nacional Comum Curricular (BNCC). Brasília: MEC/Secretaria de Educação Básica/Secretaria de Educação Continuada/Alfabetização/Diversidade e Inclusão/Secretaria de Educação Profissional e Tecnológica/Diretoria de Currículos e Educação Integral/Diretoria de Articulação

Curricular/Diretoria de Formação Docente e Valorização dos Profissionais da Educação/Diretoria de Políticas para Escolas Cívico-Militares/Conselho Nacional de Educação/Câmara de Educação Básica/Câmara de Educação Superior/Comissão Bicameral para Análise da Base Nacional Comum Curricular (BNCC), 2017.

GUEDES, Avelino. O sanduíche da Maricota. São Paulo: Moderna, 2010.

www.ingramcontent.com/pod-product-compliance
Lightning Source LLC
LaVergne TN
LVHW010301200726
843506LV00014B/3330

* 9 7 8 6 5 2 6 6 1 1 7 2 2 *